YBEP

이 책의 활용법

성조와 발음 연습

듣기 연습을 하면서 성조와 발음을 복습해요.

1 녹음을 잘 듣고 알맞은 발음에 O표 하세요.

gāo gǒu kǒu gòu

2 녹음을 잘 듣고 맞는 발음에 O표 하세요.

(1) pàn / bàn

(2) liǎng diǎn / liàng diǎn

단어 듣기

녹음을 듣고 알맞은 단어를 연결하거나,
해당하는 스티커를 순서대로 붙이면서 단어를 복습해요.

중국어 발음 연습

본 교재에서 배운 발음을 다시 한번 익혀보세요.

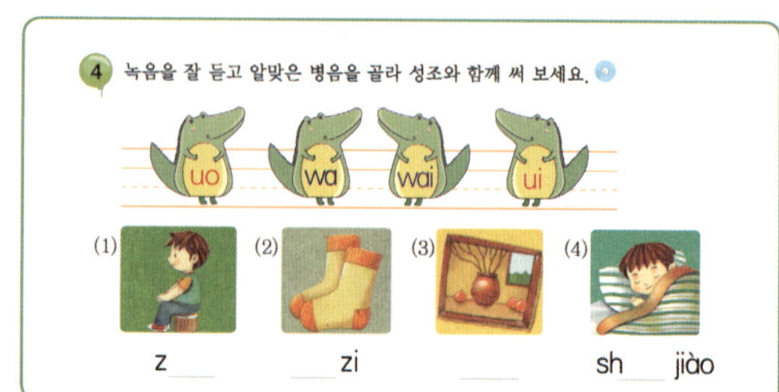

병음 쓰기

주어진 단어나 그림을 보고 병음 쓰기 연습을 해 보세요.

문장 듣기

녹음을 들으면서 녹음 내용에 알맞은 그림을 찾아보세요.

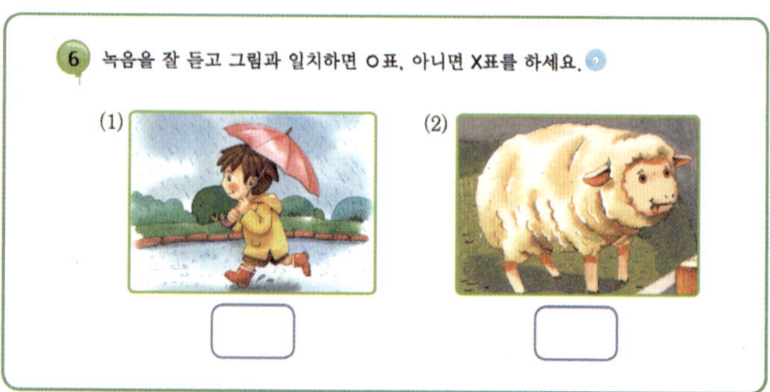

단어 연결하기

알맞은 단어를 연결해 스티커를 붙인 뒤 예쁘게 색칠해 보세요.

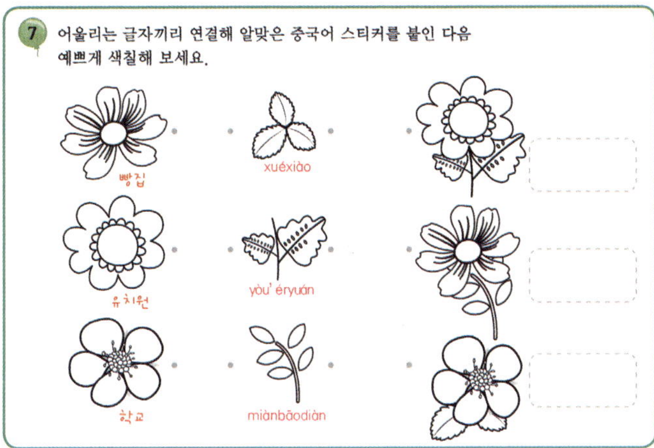

문장 완성하기

순서대로 스티커를 붙이면서 중국어 문장을 완성해 보세요.

중국어 쓰기

획순에 따라 한 글자씩 중국어 쓰기 연습을 해 보세요.

대화 완성하기

그림을 보고 대화 내용에 알맞은 스티커를 붙이면서 본문의 내용을 복습해 보세요.

활동 학습

다양한 활동을 통해 배운 내용을 재미있게 익혀보세요.

차례

유치원 친구들이 내일 동물원에 같이 가기로 약속을 했어요.

판판은 들뜬 마음으로 엄마에게 오늘과 내일의 날씨를 물어봐요.

(天气怎么样? 날씨가 어때?)

드디어 동물원에 가기로 한 날이 되었어요. 설레는 마음에 잠을 설친 제프는 늦잠을 자고 일어나 엄마에게 시간을 물어보네요.

(现在几点? 지금 몇 시야?)

약속시간에 늦을까 봐 서둘러 동물원에 가던 제프는 옆집 친구를 만났어요. 소풍 가방을 메고 있는 모습을 보고 제프와 친구는 서로 어디에 가는 중인지 이야기를 했답니다. (你去哪儿? 너 어디 가니?)

(我坐地铁去动物园。나는 지하철을 타고 동물원에 가.)

드디어 한자리에 모인 친구들은 동물 구경을 시작해요.

(这是什么动物? 이건 무슨 동물이야?)

코끼리를 처음 본 민국이는 코끼리가 너무 커서 놀랐어요.

(大象比小狗大。코끼리는 강아지보다 커.)

동물원을 한 바퀴 돌고 나서 배가 고파진 친구들은 점심을 먹으러 갔답니다.

(你想吃什么? 너는 뭐 먹고 싶어?)

1 天气怎么样?

CD-01

1 녹음을 잘 듣고 알맞은 발음에 ○표 하세요.

2 녹음을 잘 듣고 빈칸에 알맞은 성조를 써 보세요.

(1) 下雨 xia yu

(2) 天气 tianqi

3 녹음을 잘 듣고 그림에 맞는 병음 스티커를 순서대로 붙여주세요.

4 녹음을 잘 듣고 알맞은 병음을 골라 성조와 함께 써 보세요.

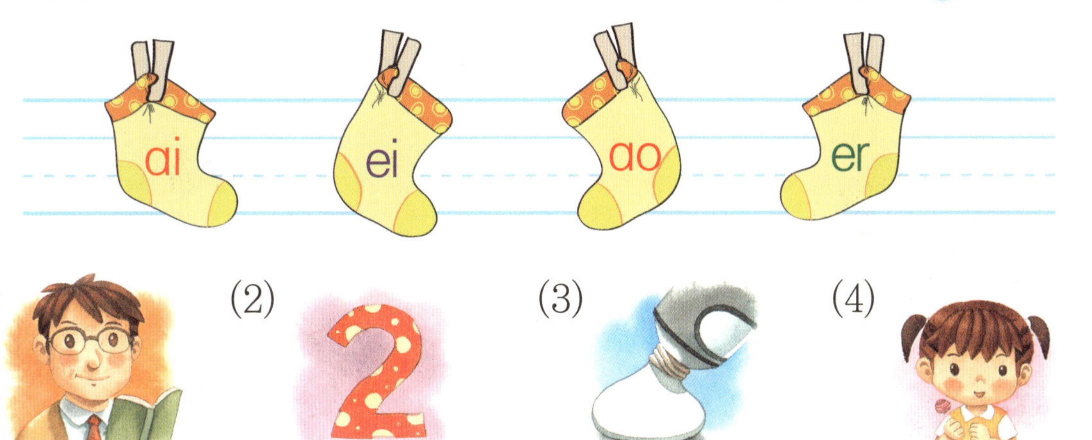

5 같은 색깔 풍선에 있는 병음을 골라 단어를 만들어 써 보세요.

6 녹음을 잘 듣고 그림과 일치하면 O표, 아니면 X표를 하세요.

(1)

(2)

7 퍼즐 모양에 맞춰 순서대로 스티커를 붙여 문장을 완성한 뒤 〈보기〉의 병음을 순서대로 써 보세요.

오늘 날씨가 어때?

보기 jīntiān zěnmeyàng tiānqì

Jīntiān ?

8 그림 속 대화에 알맞은 중국어 스티커를 붙이고 큰 소리로 말해보세요.

9 원 중심에 연필을 세우고 손을 살짝 떼어 연필이 넘어진 칸에 해당하는 계절과 날씨를 〈보기〉에서 찾아 빈칸에 넣어 말해보세요.

보기 (1) 春天 冬天 秋天 夏天

보기 (2) 凉快 冷 热 暖和

(1) 天气很 (2)

10 한자와 병음을 예쁘게 쓰면서 큰 소리로 읽어보세요.

天气 tiānqì 날씨	天气 tiānqì		
天气			
下雪 xià xuě 눈이 내리다	下雪 xià xuě		
下雪			
暖和 nuǎnhuo 따뜻하다	暖和 nuǎnhuo		
暖和			

2 现在几点?

CD-02

1 녹음을 잘 듣고 알맞은 발음에 ○표 하세요.

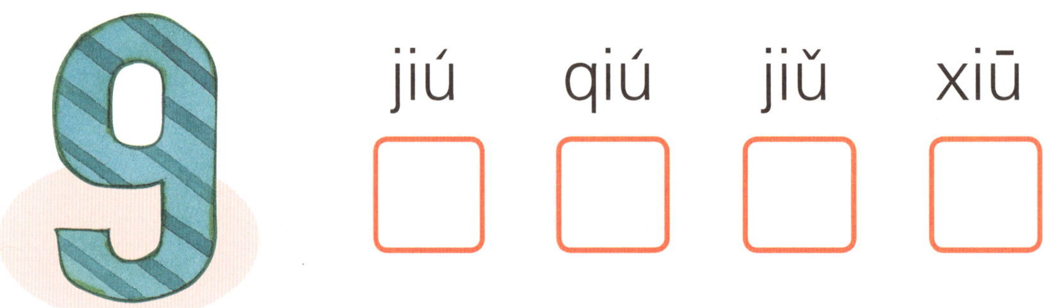

2 녹음을 잘 듣고 맞는 발음에 ○표 하세요.

(1) pàn ☐
bàn ☐

(2) liǎng diǎn ☐
liàng diǎn ☐

3 녹음을 잘 듣고 그림에 맞는 병음 스티커를 순서대로 붙여주세요.

4 녹음을 잘 듣고 알맞은 병음을 골라 성조와 함께 써 보세요.

5 녹음을 잘 듣고 알맞은 시간을 그려 넣으세요.

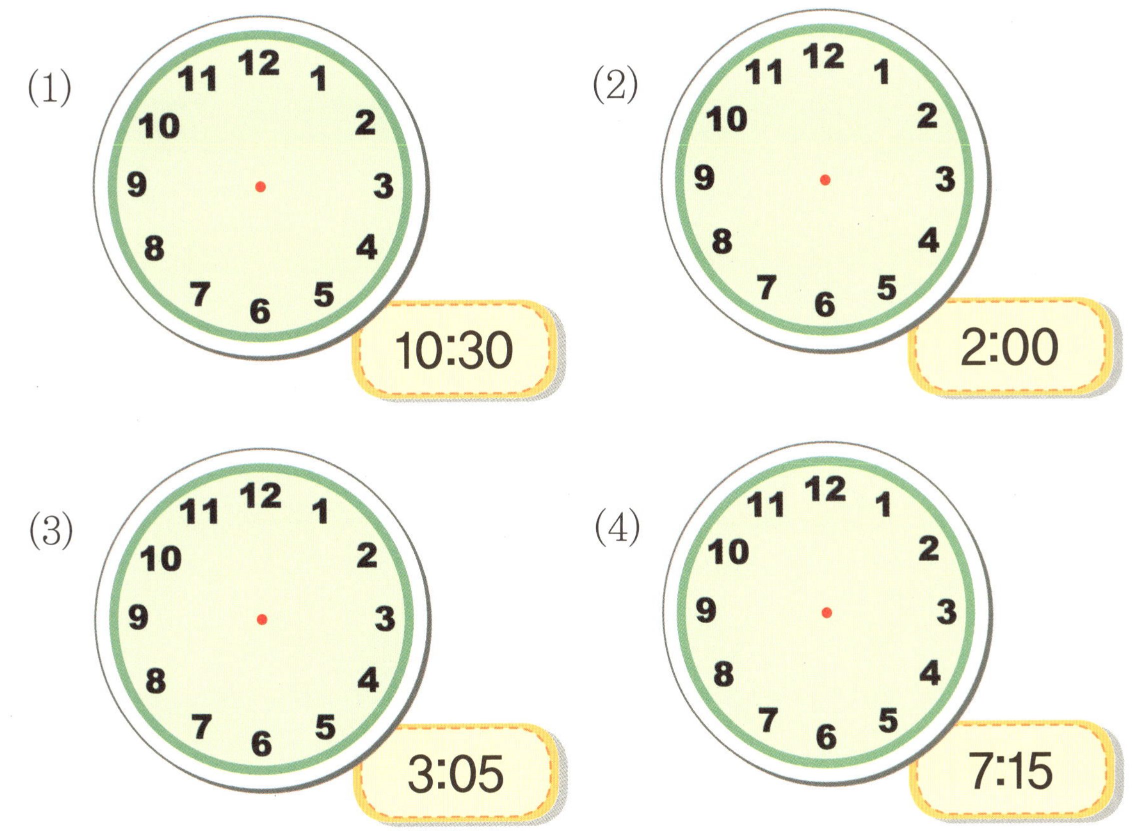

지금 몇 시야?

6 녹음을 잘 듣고 그림과 일치하면 O표, 아니면 X표를 하세요.

(1)

(2)

7 퍼즐 모양에 맞춰 순서대로 스티커를 붙여 문장을 완성한 뒤 〈보기〉의 병음을 순서대로 써 보세요.

지금 몇 시야?

보기 jǐ zài xiàn diǎn

Xiànzài ?

8 그림 속 대화에 알맞은 중국어 스티커를 붙이고 큰 소리로 말해보세요.

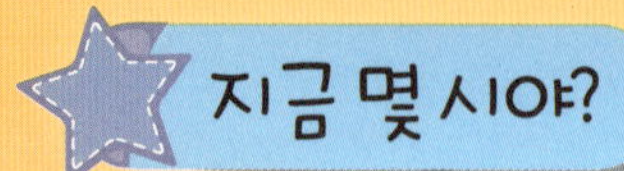

9 다음 중국어를 보고 알맞은 병음을 찾아 미로를 따라 내려간 뒤 병음 스티커를 붙여주세요.

출발

xiàn

zài

diǎn

jǐ

도착

[ ] [ ] [ ] ?

10 한자와 병음을 예쁘게 쓰면서 큰 소리로 읽어보세요.

起床 qǐchuáng 일어나다	起床		
	qǐchuáng		
起床			

睡觉 shuìjiào 자다	睡觉		
	shuìjiào		
睡觉			

两点 liǎng diǎn 두시	两点		
	liǎng diǎn		
两点			

3 你去哪儿?

CD-03

1 녹음을 잘 듣고 알맞은 성조를 찾아 빈칸에 ○표 하세요.

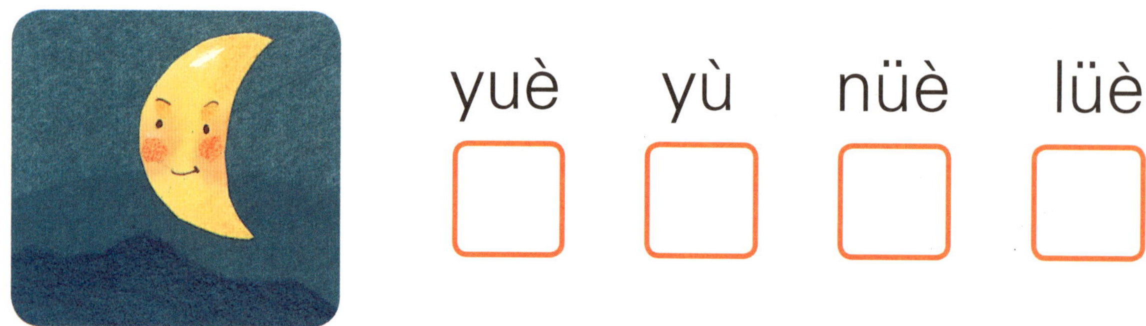

2 녹음을 잘 듣고 빈칸에 알맞은 성조를 써 보세요.

(1) 动物园 dongwuyuan

(2) 超市 chaoshi

3 녹음을 잘 듣고 그림에 맞는 병음 스티커를 순서대로 붙여주세요.

4 녹음을 잘 듣고 알맞은 병음을 골라 성조와 함께 써 보세요.

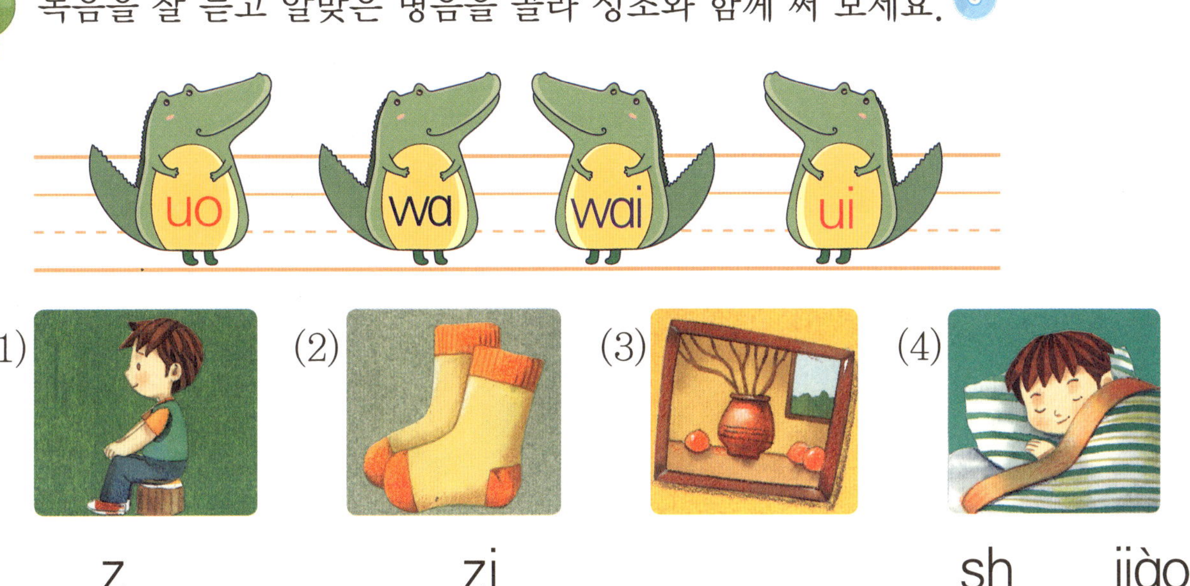

5 같은 색깔 주사위에 있는 병음을 골라 단어를 만들어 써 보세요.

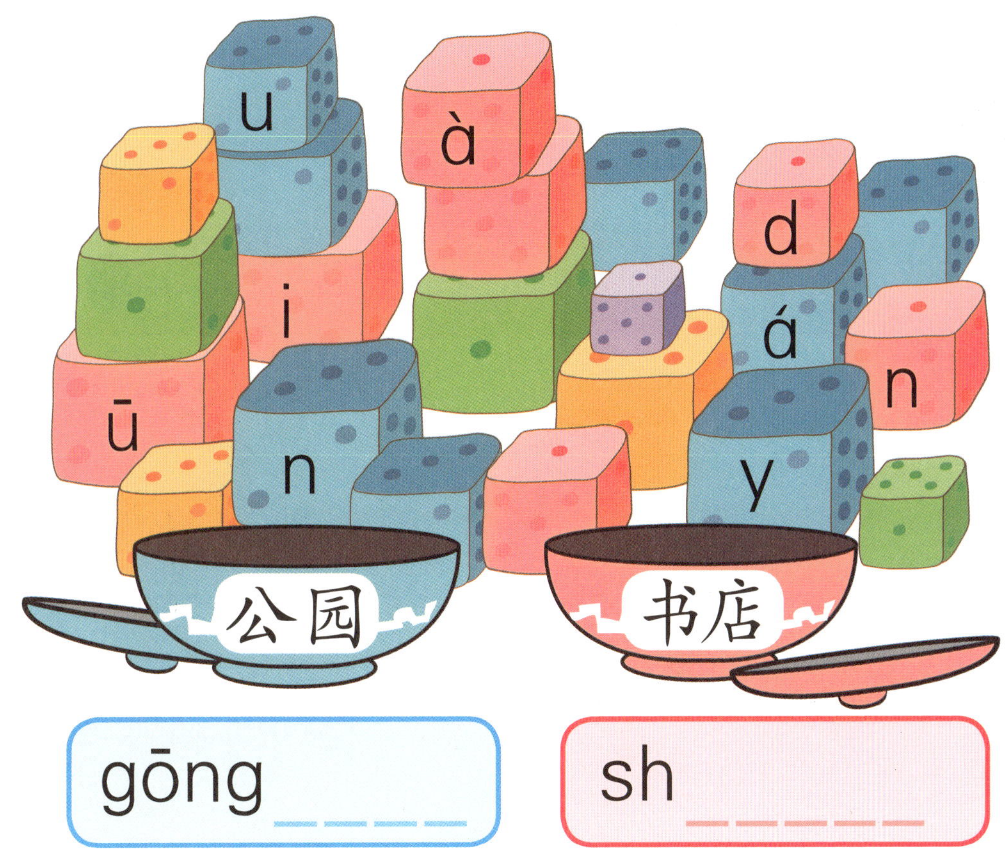

6 녹음을 잘 듣고 그림과 일치하면 O표, 아니면 X표를 하세요

(1)

(2)

7 어울리는 글자끼리 연결해 알맞은 중국어 스티커를 붙인 다음 예쁘게 색칠해 보세요.

8 그림 속 대화에 알맞은 중국어 스티커를 붙이고 큰 소리로 말해보세요.

9 다음 장소에 알맞은 병음을 따라 내려간 뒤 해당하는 병음 스티커를 붙이고 큰 소리로 말해보세요.

你去哪儿?

m i n à n b d ò n g w ù y u n á ā o d i i x à o à n c h ā é x u h o s h ì

동물원

학교

빵집

슈퍼

我去 ______。

10 한자와 병음을 예쁘게 쓰면서 큰 소리로 읽어보세요.

学校 xuéxiào 학교	学校 xuéxiào		
学校			

公园 gōngyuán 공원	公园 gōngyuán		
公园			

书店 shūdiàn 서점	书店 shūdiàn		
书店			

4 我坐地铁去动物园。

CD-04

1 녹음을 잘 듣고 알맞은 성조를 찾아 빈칸에 ○표 하세요.

péngyou

pēngyou

2 녹음을 잘 듣고 맞는 발음에 ○표 하세요.

(1) dìtiě

dītié

(2) huǒchē

chūzūchē

3 녹음을 잘 듣고 그림에 맞는 병음 스티커를 순서대로 붙여주세요.

g ngg ng

4 녹음을 잘 듣고 알맞은 병음을 골라 성조와 함께 써 보세요.

5 같은 색깔 사과에 있는 병음을 골라 단어를 만들어 써 보세요.

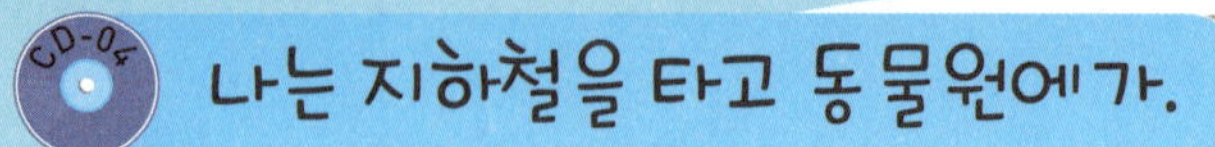

6 녹음을 잘 듣고 그림과 일치하면 O표, 아니면 X표를 하세요.

(1)

(2)

7 퍼즐 모양에 맞춰 순서대로 스티커를 붙여 문장을 완성한 뒤 〈보기〉의 병음을 순서대로 써 보세요.

너는 무엇을 타고 가?

보기

zuò shénme nǐ qù

Nǐ ?

8 그림 속 대화에 알맞은 중국어 스티커를 붙이고 큰 소리로 말해보세요.

나는 지하철을 타고 동물원에 가.

9 다음 그림 속 교통수단을 찾아 O표 해 보세요.

铅	出	姐	几	飞
八	气	租	火	机
公	共	汽	车	水
共	地	铁	连	船

10 한자와 병음을 예쁘게 쓰면서 큰 소리로 읽어보세요.

飞机 fēijī 비행기	飞机		
	fēijī		
飞机			

火车 huǒchē 기차	火车		
	huǒchē		
火车			

地铁 dìtiě 지하철	地铁		
	dìtiě		
地铁			

5 这是什么动物?

CD-05

1 녹음을 잘 듣고 알맞은 성조를 찾아 빈칸에 ㅇ표 하세요.

dàxiǎng ☐

dàxiàng ☐

2 녹음을 잘 듣고 빈칸에 알맞은 성조를 써 보세요.

(1) 长颈鹿 changjinglu

(2) 老虎 laohu

3 녹음을 잘 듣고 그림에 맞는 병음 스티커를 순서대로 붙여주세요.

4 녹음을 잘 듣고 알맞은 병음을 골라 성조와 함께 써 보세요.

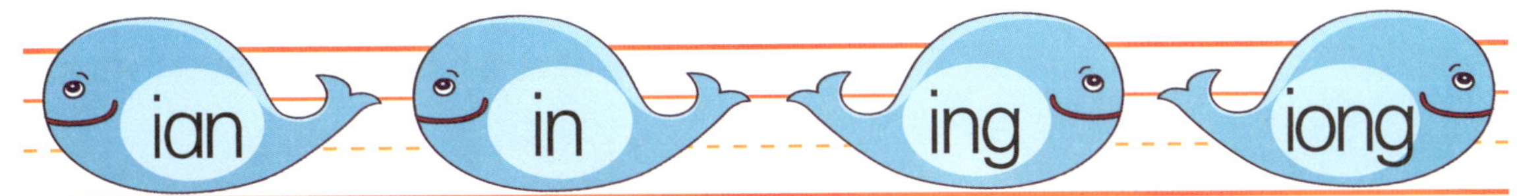

zàij____ j____yú x____māo n____hǎo

5 같은 색깔 사과에 있는 병음을 골라 단어를 만들어 써 보세요.

CD-05 이건 무슨 동물이야?

6 녹음을 잘 듣고 그림과 일치하면 O표, 아니면 X표를 하세요.

(1)

(2)

7 퍼즐 모양에 맞춰 순서대로 스티커를 붙여 문장을 완성한 뒤 〈보기〉의 병음을 순서대로 써 보세요.

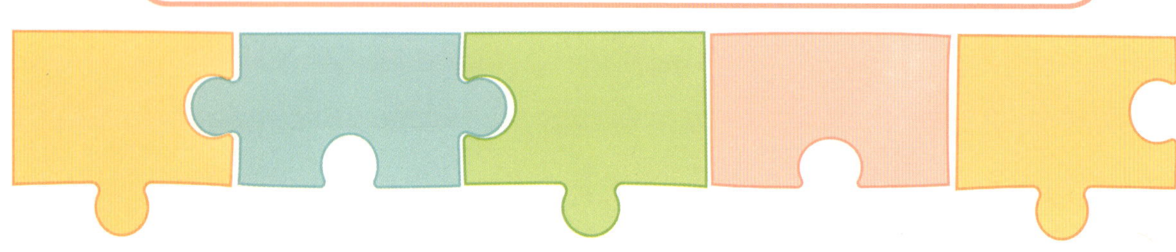

이건 무슨 동물이야?

보기

dòngwù shì zhè shénme

shì shénme ?

8 그림 속 대화에 알맞은 중국어 스티커를 붙이고 큰 소리로 말해보세요.

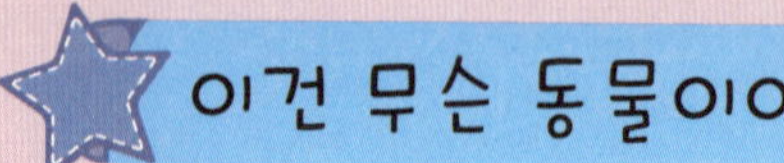

9 다음 병음을 보고 길을 따라 내려가면서 동물들을 찾은 다음 아래의 빈 칸에 알맞은 중국어 스티커를 붙여주세요.

lǎohǔ | xiǎomāo | yáng | dàxiàng | xiǎogǒu

10 한자와 병음을 예쁘게 쓰면서 큰 소리로 읽어보세요.

动物 dòngwù 동물	动物 dòngwù		
老虎 lǎohǔ 호랑이	老虎 lǎohǔ		
兔子 tùzi 토끼	兔子 tùzi		

6 大象比小狗大。

1 녹음을 잘 듣고 알맞은 성조를 찾아 빈칸에 ○표 하세요.

chuān ☐

chuán ☐

2 녹음을 잘 듣고 맞는 발음에 ○표 하세요.

(1) kuài ☐ màn ☐

(2) qīng ☐ qǐng ☐

3 녹음을 잘 듣고 그림에 맞는 병음 스티커를 순서대로 붙여주세요.

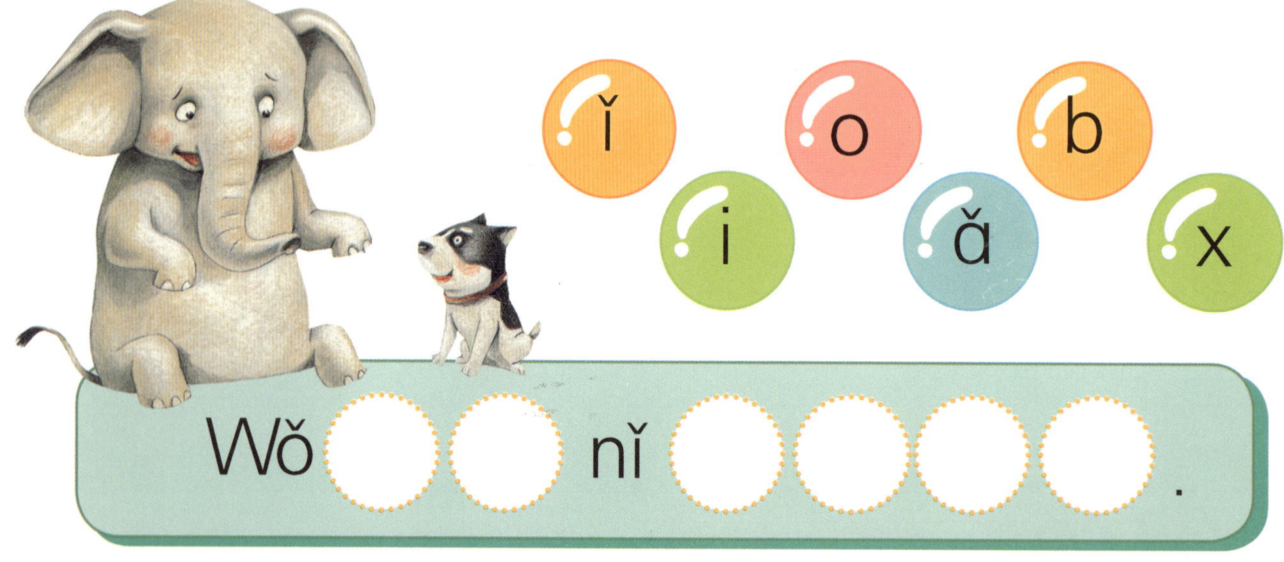

4 녹음을 잘 듣고 알맞은 병음을 골라 성조와 함께 써 보세요.

h______sè ch___tiān xǐh______

5 같은 색깔 동전에 있는 병음을 골라 단어를 만들어 써 보세요.

d n ǎ n h g c u á

长 短

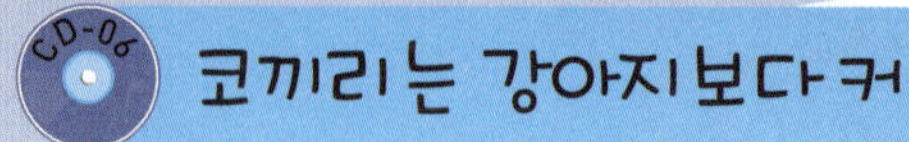

6 녹음을 잘 듣고 그림과 일치하면 O표, 아니면 X표를 하세요.

(1)

(2)

7 서로 반대되는 단어끼리 연결하고 예쁘게 색칠해 보세요.

干净

冷

大

重

热

轻

脏

小

8 그림 속 대화에 알맞은 중국어 스티커를 붙이고 큰 소리로 말해보세요.

9 비눗방울 안에서 각자 원하는 단어를 골라 아래의 빈칸에 적은 뒤 친구와 빙고 게임을 해 보세요.

gānjìng

shòu

qīng

xiǎo

ǎi

gāo

kuài

zhòng

màn

zāng

pàng

dà

10 한자와 병음을 예쁘게 쓰면서 큰 소리로 읽어보세요.

长 chánɡ 길다	短 duǎn 짧다	长 chánɡ	短 duǎn				
长	短						

高 ɡāo 높다	矮 ǎi 작다	高 ɡāo	矮 ǎi				
高	矮						

快 kuài 빠르다	慢 màn 느리다	快 kuài	慢 màn				
快	慢						

7 你想吃什么？

CD-07

1 녹음을 잘 듣고 알맞은 성조를 찾아 빈칸에 ○표 하세요.

yuán ☐

yuān ☐

2 녹음을 잘 듣고 맞는 발음에 ○표 하세요.

(1) shuǐ ☐
shéi ☐

(2) pàng ☐
fàn ☐

3 녹음을 잘 듣고 그림에 맞는 병음 스티커를 순서대로 붙여주세요.

4 녹음을 잘 듣고 알맞은 병음을 골라 성조와 함께 써 보세요.

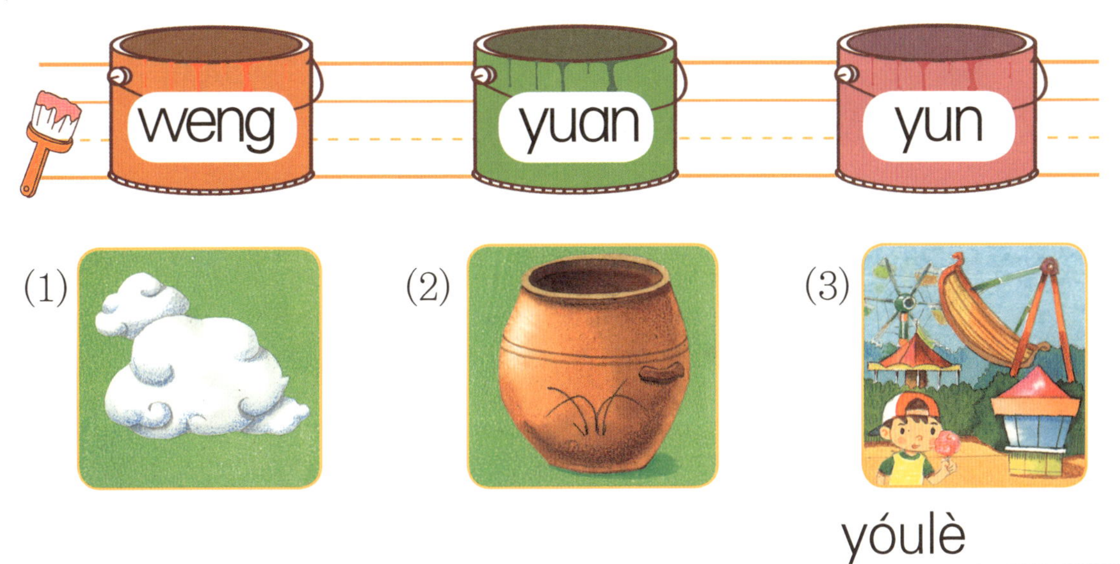

5 같은 색깔 풍선에 있는 병음을 골라 단어를 만들어 써 보세요.

CD-07 너는 뭐 먹고 싶어?

6 녹음을 잘 듣고 그림과 일치하면 O표, 아니면 X표를 하세요.

(1)

(2)

7 퍼즐 모양에 맞춰 순서대로 스티커를 붙여 문장을 완성한 뒤 〈보기〉의 병음을 순서대로 써 보세요.

너는 뭐 먹고 싶어?

보기
shénme nǐ chī xiǎng

Nǐ

8 그림 속 대화에 알맞은 중국어 스티커를 붙이고 큰 소리로 말해보세요.

9 그림을 보고 알맞은 병음 순서대로 따라 내려가 빈칸에 알맞은 병음 스티커를 붙여주세요.

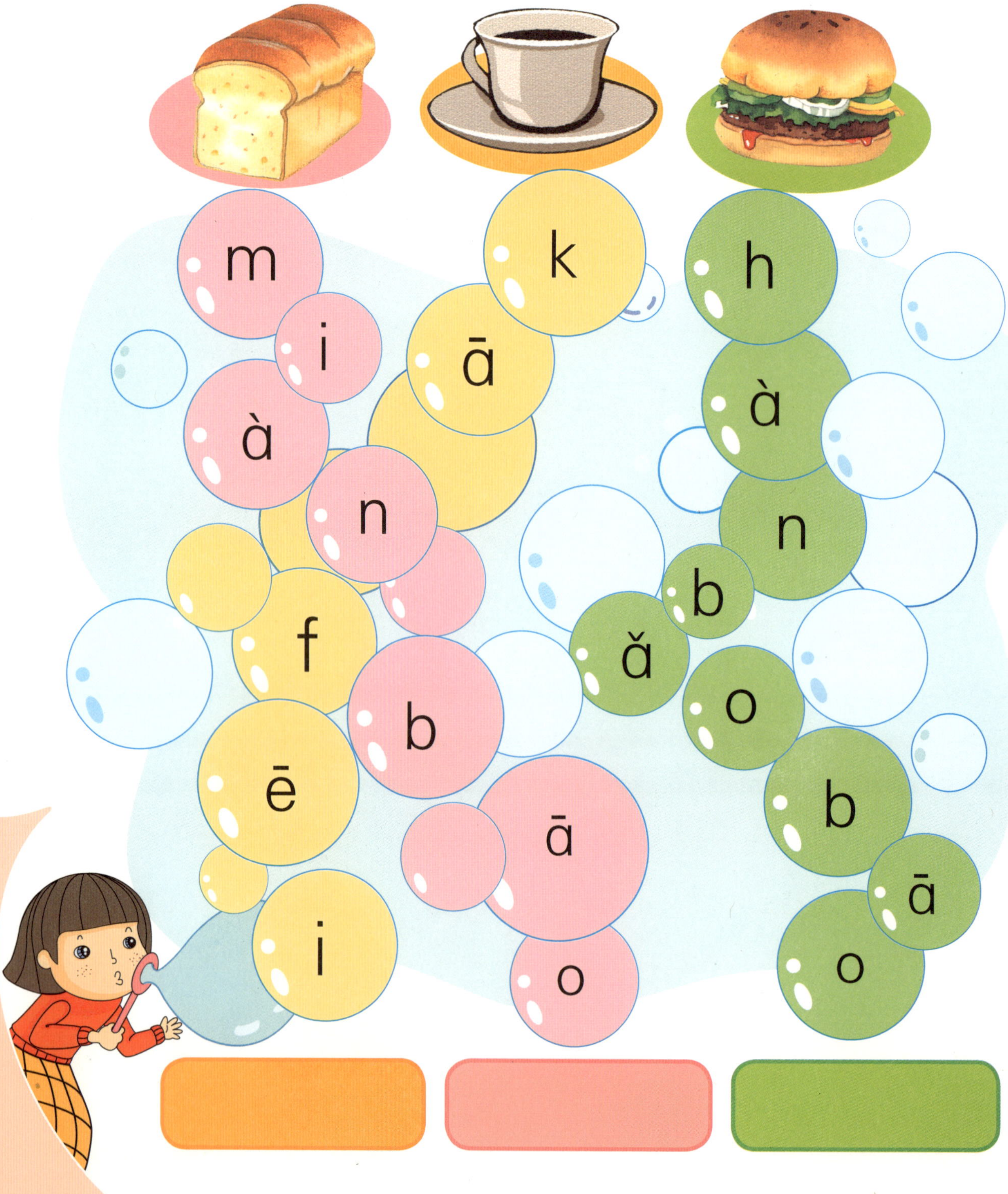

m i à n b ā o

k ā f ē i

h à n b ǎ o b ā o

10 한자와 병음을 예쁘게 쓰면서 큰 소리로 읽어보세요.

吃 chī 먹다	喝 hē 마시다	吃 chī	喝 hē

牛奶 niúnǎi 우유	牛奶 niúnǎi

面包 miànbāo 빵	面包 miànbāo

1 天气怎么样?
1 녹음을 잘 듣고 알맞은 발음에 O표 하세요.
gāo gǒu kǒu gòu
O
2 녹음을 잘 듣고 빈칸에 알맞은 성조를 써 보세요.
(1) 下雨 xia yu
(2) 天气 tianqi
3 녹음을 잘 듣고 그림에 맞는 병음 스티커를 순서대로 붙여주세요.
q g í n
q í n g tiān
6~10쪽 1과

4 녹음을 잘 듣고 알맞은 병음을 골라 성조와 함께 써 보세요.
ai ei ao er
(1) l ǎo shī
(2) èr
(3) b ái sè
(4) m èi m ei
5 같은 색깔 풍선에 있는 병음을 골라 단어를 만들어 써 보세요.
x i q n ū i t à ā i
夏天
秋天
x i à t i ā n
q i ū tiān

날씨가 어때?
6 녹음을 잘 듣고 그림과 일치하면 O표, 아니면 X표를 하세요.
(1) O
(2) X
7 퍼즐 모양에 맞춰 순서대로 스티커를 붙여 문장을 완성한 뒤 〈보기〉의 병음을 순서대로 써 보세요.
天气 今天 怎么样 ?
今天 天气 怎么样 ?
오늘 날씨가 어때?
보기 jīntiān zěnmeyàng tiānqì
Jīntiān tiānqì zěnmeyàng ?

8 그림 속 대화에 알맞은 중국어 스티커를 붙이고 큰 소리로 말해보세요.
春天天气怎么样?
Chūntiān tiānqì zěnmeyàng?
春天很暖和。
Chūntiān hěn nuǎnhuo.
明天天气怎么样?
Míngtiān tiānqì zěnmeyàng?
明天下雪。
Míngtiān xià xuě.

날씨가 어때?
9 원 중심에 연필을 세우고 손을 살짝 떼어 연필이 넘어진 칸에 해당하는 계절과 날씨를 〈보기〉에서 찾아 빈칸에 넣어 말해보세요.
보기 (1) 春天 冬天 秋天 夏天
보기 (2) 凉快 冷 热 暖和
(1) 天气很 (2)
친구와 자유롭게 대화해 보세요.

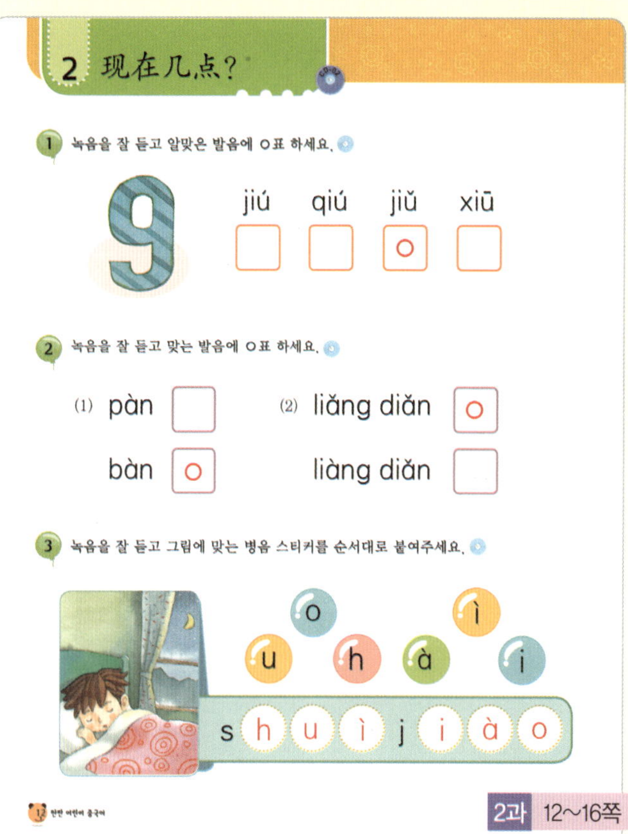
2 现在几点?
1 녹음을 잘 듣고 알맞은 발음에 O표 하세요.
9
jiú qiú jiǔ xiū
O
2 녹음을 잘 듣고 맞는 발음에 O표 하세요.
(1) pàn
bàn O
(2) liǎng diǎn O
liàng diǎn
3 녹음을 잘 듣고 그림에 맞는 병음 스티커를 순서대로 붙여주세요.
o ì u h à i
s h u ì j i à o
2과 12~16쪽

4 녹음을 잘 듣고 알맞은 병음을 골라 성조와 함께 써 보세요.
ia ie iao
(1) piàoliang
(2) jiě jie
(3) xià tiān
5 녹음을 잘 듣고 알맞은 시간을 그려 넣으세요.
(1) 10:30
(2) 2:00
(3) 3:05
(4) 7:15

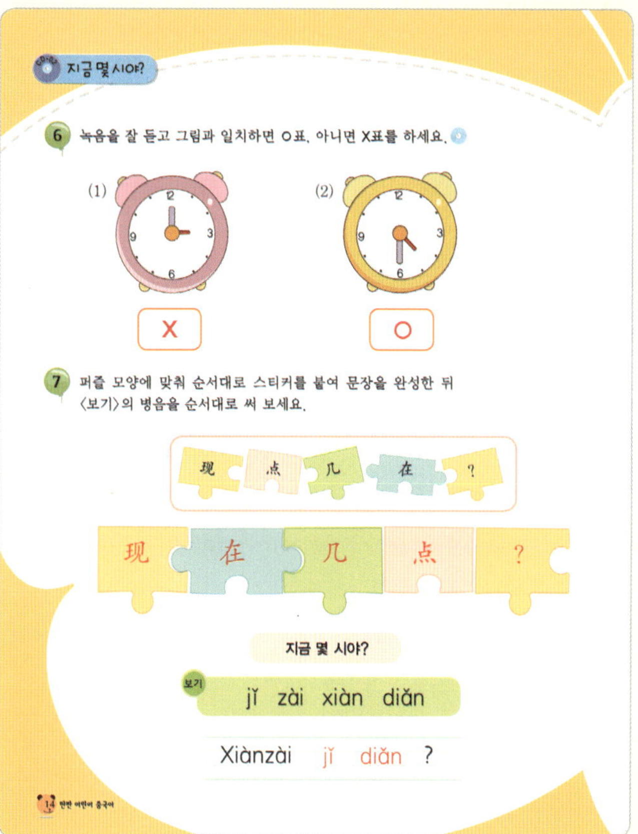
지금 몇 시야?
6 녹음을 잘 듣고 그림과 일치하면 O표, 아니면 X표를 하세요.
(1) X
(2) O
7 퍼즐 모양에 맞춰 순서대로 스티커를 붙여 문장을 완성한 뒤 〈보기〉의 병음을 순서대로 써 보세요.
现 点 几 在 ?
现 在 几 点 ?
지금 몇 시야?
보기 jǐ zài xiàn diǎn
Xiànzài jǐ diǎn ?

8 그림 속 대화에 알맞은 중국어 스티커를 붙이고 큰 소리로 말해보세요.
妈妈，现在几点？
Māma, xiànzài jǐ diǎn?
现在八点，快起床吧。
Xiànzài bā diǎn，kuài qǐchuáng ba.
现在几点？
Xiànzài jǐ diǎn?
九点十五分。
Jiǔ diǎn shíwǔ fēn.
지금 몇 시야? 15

지금 몇 시야?
9 다음 중국어를 보고 알맞은 병음을 찾아 미로를 따라 내려간 뒤 병음 스티커를 붙여주세요.
출발
xiàn
zài
diǎn
jǐ
도착
Xiànzài jǐ diǎn ?
16 판판 어린이 중국어

3 你去哪儿？
1 녹음을 잘 듣고 알맞은 성조를 찾아 빈칸에 O표 하세요.
yuè yù nüè lüè
O
2 녹음을 잘 듣고 빈칸에 알맞은 성조를 써 보세요.
(1) 动物园 dongwuyuan
(2) 超市 chaoshi
3 녹음을 잘 듣고 그림에 맞는 병음 스티커를 순서대로 붙여주세요.
o à x i
x u é x i à o

18~22쪽 3과

4 녹음을 잘 듣고 알맞은 병음을 골라 성조와 함께 써 보세요.
uo wa wai ui
(1) z uò
(2) wà zi
(3) wāi
(4) sh uì jiào
5 같은 색깔 주사위에 있는 병음을 골라 단어를 만들어 써 보세요.
u à d i á n ū n y
公园 书店
gōng yuán
sh ū d i àn
너 어디 가니? 19

너 어디 가니?
6 녹음을 잘 듣고 그림과 일치하면 O표, 아니면 X표를 하세요.
(1) 동물원 X
(2) O
7 어울리는 글자끼리 연결해 알맞은 중국어 스티커를 붙인 다음 예쁘게 색칠해 보세요.
빵집
xuéxiào
幼儿园
유치원
yòu'éryuán
面包店
학교
miànbāodiàn
学校
20 반반 어린이 중국어

8 그림 속 대화에 알맞은 중국어 스티커를 붙이고 큰 소리로 말해보세요.
你们去哪儿?
Nǐmen qù nǎr?
我们去游乐园。
Wǒmen qù yóulèyuán.
你去书店吗?
Nǐ qù shūdiàn ma?
不，我去文具店。
Bù, wǒ qù wénjùdiàn.
너 어디 가니? 21

너 어디 가니?
9 다음 장소에 알맞은 병음을 따라 내려간 뒤 해당하는 병음 스티커를 붙이고 큰 소리로 말해보세요.
你去哪儿?
동물원
학교
빵집
슈퍼
dòngwùyuán
xuéxiào
miànbāodiàn
chāoshì
我去 ______。
22 반반 어린이 중국어

4 我坐地铁去动物园。
1 녹음을 잘 듣고 알맞은 성조를 찾아 빈칸에 O표 하세요.
péngyou O
pēngyou
2 녹음을 잘 듣고 맞는 발음에 O표 하세요.
(1) dìtiě O
dītié
(2) huǒchē
chūzūchē O
3 녹음을 잘 듣고 그림에 맞는 병음 스티커를 순서대로 붙여주세요.
g ō ngg ò ng q ì c h ē
24 반반 어린이 중국어
4과 24~28쪽

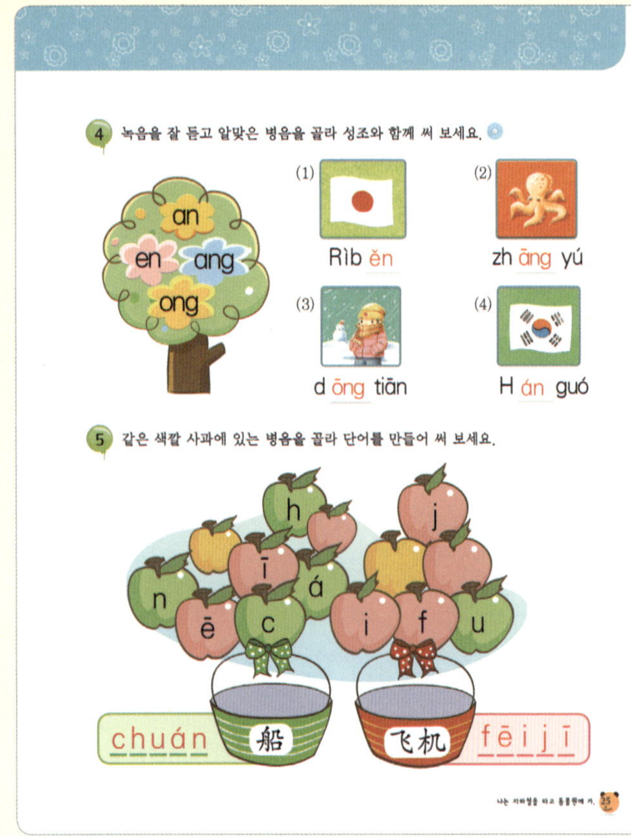
4 녹음을 잘 듣고 알맞은 병음을 골라 성조와 함께 써 보세요.
an
en ang
ong
(1) Rìb ěn
(2) zh āng yú
(3) d ōng tiān
(4) H án guó
5 같은 색깔 사과에 있는 병음을 골라 단어를 만들어 써 보세요.
chuán 船
飞机 fēi jī

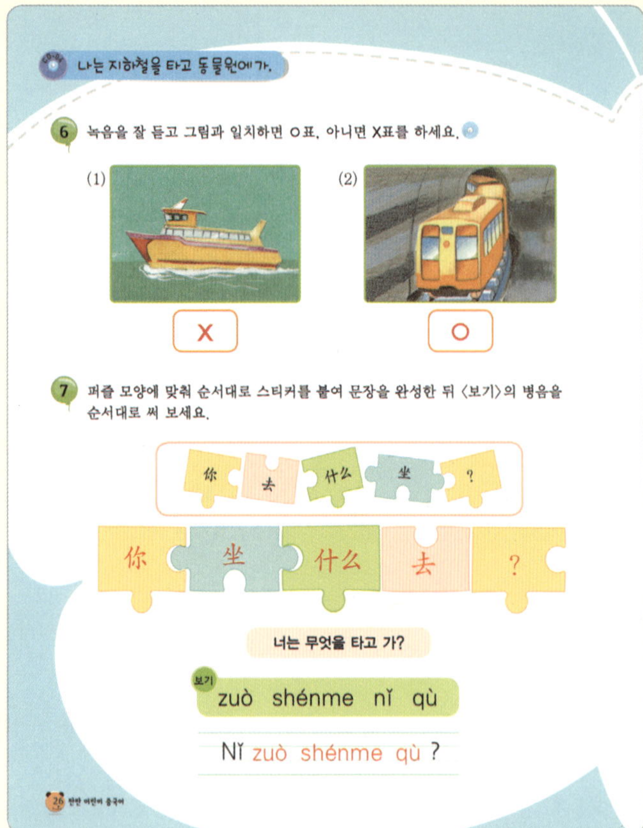
나는 지하철을 타고 동물원에 가.
6 녹음을 잘 듣고 그림과 일치하면 O표, 아니면 X표를 하세요.
(1) X
(2) O
7 퍼즐 모양에 맞춰 순서대로 스티커를 붙여 문장을 완성한 뒤 〈보기〉의 병음을 순서대로 써 보세요.
你 坐 什么 去 ?
너는 무엇을 타고 가?
보기 zuò shénme nǐ qù
Nǐ zuò shénme qù ?

8 그림 속 대화에 알맞은 중국어 스티커를 붙이고 큰 소리로 말해보세요.
我们坐火车去奶奶家。
Wǒmen zuò huǒchē qù nǎinai jiā.
我坐地铁去动物园。
Wǒ zuò dìtiě qù dòngwùyuán.

나는 지하철을 타고 동물원에 가.
9 다음 그림 속 교통수단을 찾아 O표 해 보세요.
铅 出 姐 几 飞
八 气 租 火 机
公 共 汽 车 水
共 地 铁 连 船

5 这是什么动物?

1 녹음을 잘 듣고 알맞은 성조를 찾아 빈칸에 O표 하세요.

dàxiǎng ☐
dàxiàng O

2 녹음을 잘 듣고 빈칸에 알맞은 성조를 써 보세요.

(1) 长颈鹿 chángjǐnglù
(2) 老虎 lǎohǔ

3 녹음을 잘 듣고 그림에 맞는 병음 스티커를 순서대로 붙여주세요.

n o ā i g ó

x i ó n g m ā o

30~34쪽 5과

5과 30~34쪽

4 녹음을 잘 듣고 알맞은 병음을 골라 성조와 함께 써 보세요.

ian in ing iong

(1) zàij iàn (2) j īng yú (3) x ióng māo (4) n ín hǎo

5 같은 색깔 사과에 있는 병음을 골라 단어를 만들어 써 보세요.

t z z h i s ù i ī

tùzi 兔子 狮子 shīzi

이건 무슨 동물이야? 31

이건 무슨 동물이야?

6 녹음을 잘 듣고 그림과 일치하면 O표, 아니면 X표를 하세요.

(1) X (2) O

7 퍼즐 모양에 맞춰 순서대로 스티커를 붙여 문장을 완성한 뒤 〈보기〉의 병음을 순서대로 써 보세요.

这 动物 什么 是 ?

这 是 什么 动物 ?

이건 무슨 동물이야?

보기 dòngwù shì zhè shénme

Zhè shì shénme dòngwù?

32 반짝 어린이 중국어

8 그림 속 대화에 알맞은 중국어 스티커를 붙이고 큰 소리로 말해보세요.

이건 무슨 동물이야? 33

이건 무슨 동물이야?
9 다음 병음을 보고 길을 따라 내려가면서 동물들을 찾은 다음 아래의 빈 칸에 알맞은 중국어 스티커를 붙여주세요.
lǎohǔ
xiǎomāo
yáng
dàxiàng
xiǎogǒu
老虎
大象
羊
小猫
小狗
34 판판 어린이 중국어

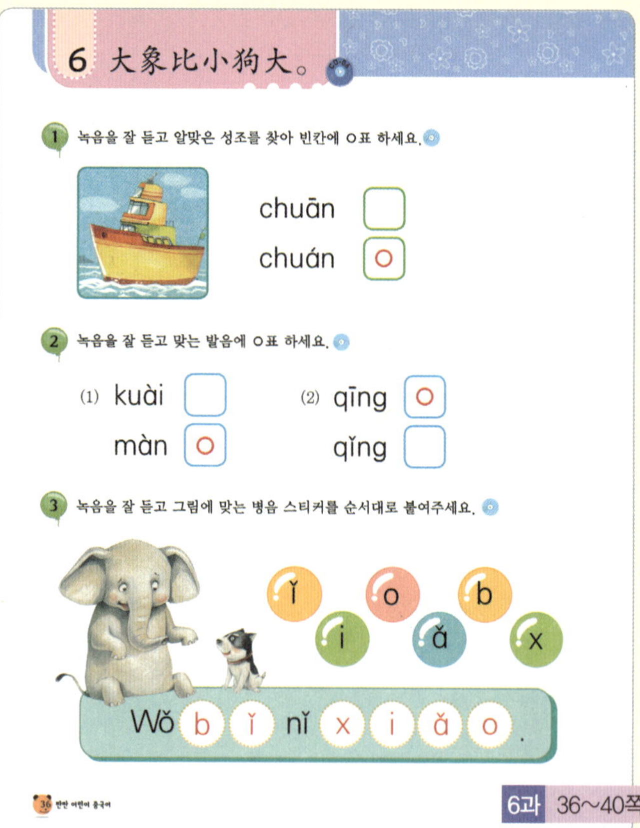
6 大象比小狗大。
1 녹음을 잘 듣고 알맞은 성조를 찾아 빈칸에 O표 하세요.
chuān
chuán O
2 녹음을 잘 듣고 맞는 발음에 O표 하세요.
(1) kuài
màn O
(2) qīng O
qǐng
3 녹음을 잘 듣고 그림에 맞는 병음 스티커를 순서대로 붙여주세요.
Wǒ b ǐ nǐ x i ǎ o.
36 판판 어린이 중국어

6과 36~40쪽

4 녹음을 잘 듣고 알맞은 병음을 골라 성조와 함께 써 보세요.
uan
un
uang
(1) h uáng sè
(2) ch ūn tiān
(3) xǐh uan
5 같은 색깔 동전에 있는 병음을 골라 단어를 만들어 써 보세요.
cháng 长
短 duǎn
코끼리는 강아지보다 커. 37

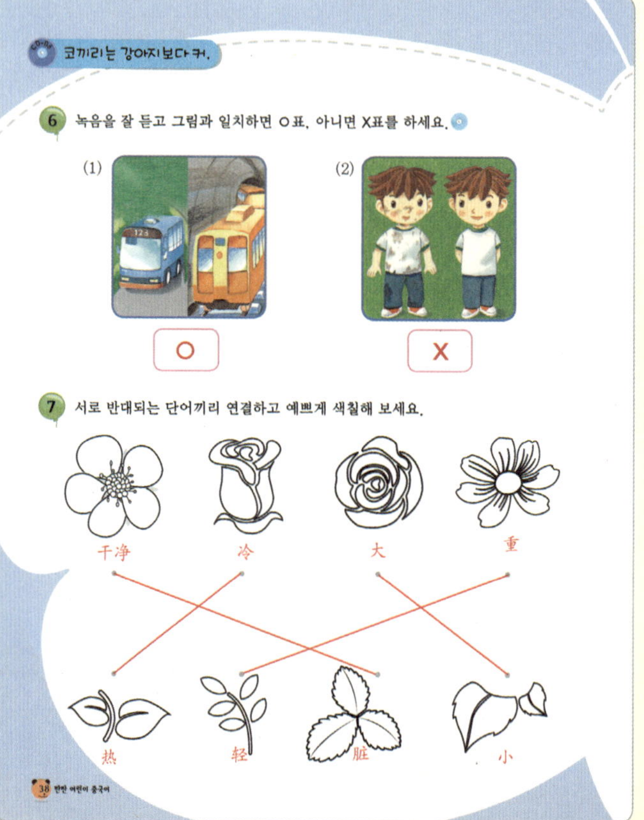
코끼리는 강아지보다 커.
6 녹음을 잘 듣고 그림과 일치하면 O표, 아니면 X표를 하세요.
(1) O
(2) X
7 서로 반대되는 단어끼리 연결하고 예쁘게 색칠해 보세요.
干净
冷
大
重
热
轻
脏
小
38 판판 어린이 중국어

8 그림 속 대화에 알맞은 중국어 스티커를 붙이고 큰 소리로 말해보세요.
我比你胖。
Wǒ bǐ nǐ pàng.
我比你瘦。
Wǒ bǐ nǐ shòu.
我比你快。
Wǒ bǐ nǐ kuài.
我比你慢。
Wǒ bǐ nǐ màn.
39

코끼리는 강아지보다 커.
9 비눗방울 안에서 각자 원하는 단어를 골라 아래의 빈칸에 적은 뒤 친구와 빙고 게임을 해 보세요.
gānjìng shòu qīng xiǎo ǎi gāo kuài màn zhòng zāng pàng dà
kuài gānjìng dà
pàng gāo shòu
zāng xiǎo màn
40

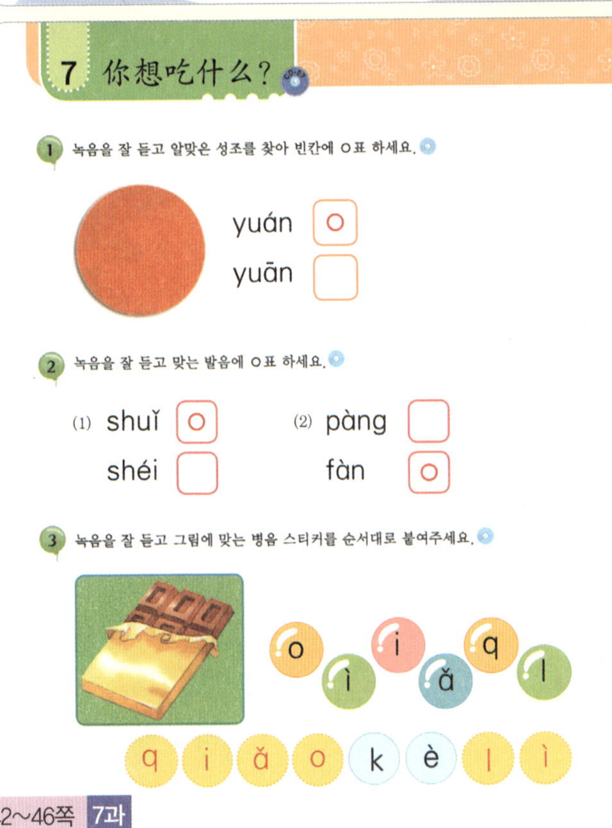
7 你想吃什么?
1 녹음을 잘 듣고 알맞은 성조를 찾아 빈칸에 O표 하세요.
yuán O
yuān
2 녹음을 잘 듣고 맞는 발음에 O표 하세요.
(1) shuǐ O shéi
(2) pàng fàn O
3 녹음을 잘 듣고 그림에 맞는 병음 스티커를 순서대로 붙여주세요.
o i ì ǎ q l
q i ǎ o k è l ì
42~46쪽 7과

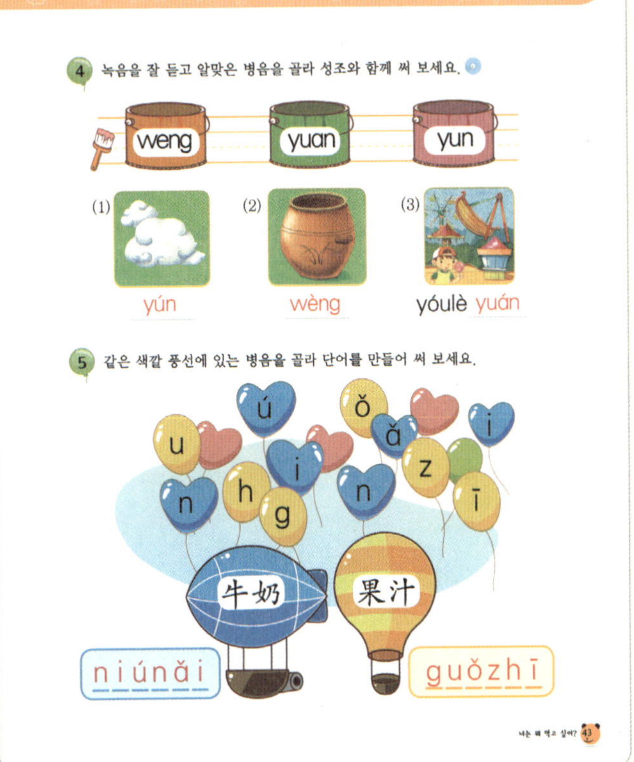
4 녹음을 잘 듣고 알맞은 병음을 골라 성조와 함께 써 보세요.
weng yuan yun
(1) yún
(2) wèng
(3) yóulè yuán
5 같은 색깔 풍선에 있는 병음을 골라 단어를 만들어 써 보세요.
牛奶
果汁
niúnǎi
guǒzhī
43

너는 뭐 먹고 싶어?

6 녹음을 잘 듣고 그림과 일치하면 O표, 아니면 X표를 하세요.

(1) X

(2) O

7 퍼즐 모양에 맞춰 순서대로 스티커를 붙여 문장을 완성한 뒤 〈보기〉의 병음을 순서대로 써 보세요.

想 什么 吃 你 ?

你 想 吃 什么 ?

너는 뭐 먹고 싶어?

보기 shénme nǐ chī xiǎng

Nǐ xiǎng chī shénme ?

44 판판 어린이 중국어

8 그림 속 대화에 알맞은 중국어 스티커를 붙이고 큰 소리로 말해보세요.

你想喝什么? Nǐ xiǎng hē shénme?

我想喝水。 Wǒ xiǎng hē shuǐ.

你吃什么? Nǐ chī shénme?

我吃蛋糕。 Wǒ chī dàngāo.

너는 뭐 먹고 싶어? 45

너는 뭐 먹고 싶어?

9 그림을 보고 알맞은 병음 순서대로 따라 내려가 빈칸에 알맞은 병음 스티커를 붙여주세요.

kāfēi miànbāo hànbǎobāo

46 판판 어린이 중국어

2
스티커
Work Book
1과 6p
q í
n g
2과 12p
h u ì
i à o
2과 16p
Xiànzài
jǐ
1과 8p
今天 天气
怎么样 ？
2과 14p
几 点
在 现 ？
diǎn
1과 9p
明天下雪。
Míngtiān xià xuě.
春天很暖和。
Chūntiān hěn nuǎnhuo.
2과 15p
九点十五分。
Jiǔ diǎn shíwǔ fēn.
现在八点，快起床吧。
Xiànzài bā diǎn，kuài qǐchuáng ba.
3과 18p
x i à o
3과 21p
不，我去文具店。
Bù，wǒ qù wénjùdiàn.
3과 20p
幼儿园 面包店 学校
我们去游乐园。
Wǒmen qù yóulèyuán.
3과 22p
dòngwùyuán xuéxiào
miànbāodiàn chāoshì
4과 24p
ō ò q
ì c h ē

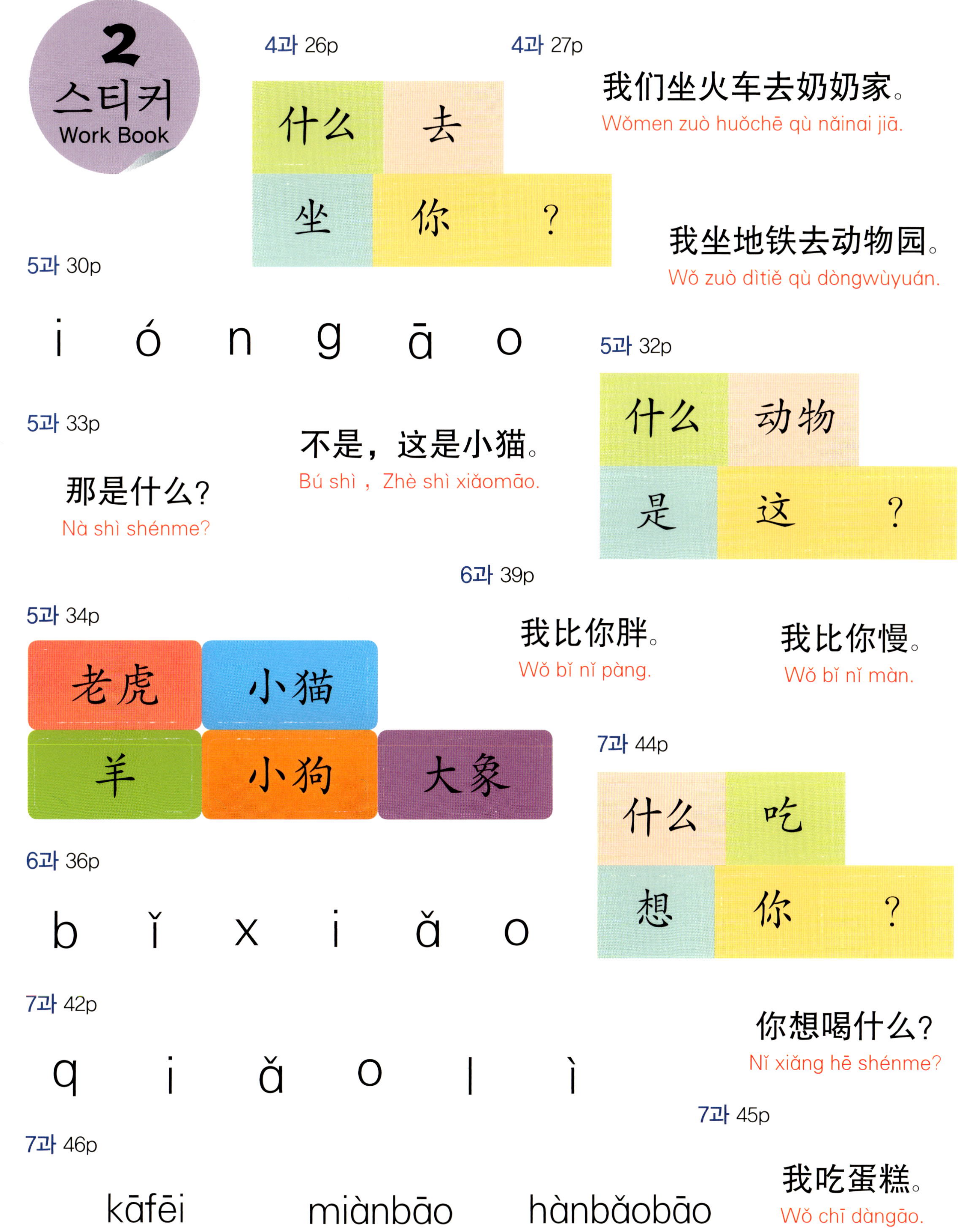
2
스티커
Work Book
4과 26p
什么
去
坐
你
?
4과 27p
我们坐火车去奶奶家。
Wǒmen zuò huǒchē qù nǎinai jiā.
我坐地铁去动物园。
Wǒ zuò dìtiě qù dòngwùyuán.
5과 30p
i ó n g ā o
5과 32p
什么
动物
是
这
?
5과 33p
那是什么?
Nà shì shénme?
不是，这是小猫。
Bú shì ，Zhè shì xiǎomāo.
6과 39p
5과 34p
老虎
小猫
羊
小狗
大象
我比你胖。
Wǒ bǐ nǐ pàng.
我比你慢。
Wǒ bǐ nǐ màn.
7과 44p
什么
吃
想
你
?
6과 36p
b ǐ x i ǎ o
7과 42p
q i ǎ o l ì
你想喝什么?
Nǐ xiǎng hē shénme?
7과 45p
7과 46p
kāfēi
miànbāo
hànbǎobāo
我吃蛋糕。
Wǒ chī dàngāo.